A LA MÉMOIRE

DE

RAYMOND CHARRIER

ÉLÈVE DE PHILOSOPHIE

et

PRÉSIDENT DE LA JEUNE CONFÉRENCE

DE SAINT-VINCENT-DE-PAUL

A L'ÉCOLE SAINT-PAUL D'ANGOULÊME

ANGOULÊME

IMPRIMERIE ROUSSAUD

3, Rue Tison d'Argencé, 3.

—

1890

Dies mei sicut umbra declinarerunt, et ego sicut fœnum arui.

Mes jours se sont évanouis comme une ombre, et je me suis desséché comme l'herbe des champs.

(PSALM. CI, 12.)

Après avoir pleuré un de ses meilleurs maîtres (1), l'Ecole Saint-Paul pleure aujourd'hui un de ses plus aimables élèves, le jeune Raymond Charrier, de Cognac, décédé à Plassay, près Saintes, dans sa famille, le 24 avril 1890.

En quittant l'Ecole avec tous ses camarades, le lundi de Pâques, jour où s'ouvraient les vacances, Raymond n'avait rien éprouvé qui pût faire croire à l'imminence d'une maladie. Le soir cependant, à son arrivée à Plassay, il se plaignit d'un peu de fatigue et le lendemain, 8 avril, il fut forcé de garder le lit. Le médecin reconnut bientôt que tous les symptômes observés étaient l'effet d'une pneumonie. Cette affection, grâce à un habile traitement, fut vite enrayée et, dès le 15, le docteur déclara que Raymond, sauf des complications impossibles à prévoir, était hors de danger.

La convalescence, en effet, se dessina nettement et le mieux s'accentua d'heure en heure jusqu'au jeudi, 24, où il fut permis au malade de se lever et de se promener dans les appartements.

Son premier mouvement fut de courir à la fenêtre : il y contempla, avec une joyeuse admiration, la riche parure

---

(1) M. l'abbé Henri Mercier, professeur de quatrième, décédé à Chalais le 22 avril 1890.

dont la terre s'était revêtue depuis qu'il était renfermé dans sa chambre : à perte de vue s'étalaient sous ses yeux ravis des feuillages verdoyants et des tapis de fleurs embaumées. La journée fut excellente. Il se montra plus expansif et plus gai qu'il ne l'était d'ordinaire. Il consacra quelques moments à faire la classe à une de ses petites sœurs et, entre autres choses, après l'avoir interrogée sur le chapitre X du catéchisme d'Angoulème (1), après avoir rectifié ses erreurs de mémoire, en lui disant avec un bon sourire : « Tu vois, Henriette, je me souviens de ce chapitre mieux que toi, qui viens de l'étudier », il lui expliqua ce que c'était que le jugement particulier et quelles en étaient les diverses circonstances. Il prit un léger souper et se recoucha tranquillement.

Tout à coup, vers neuf heures, il ressentit une vive souffrance dans les cuisses, puis cette souffrance remonta ; il s'écria qu'il étouffait. Malgré l'empressement et la diligence des exprès immédiatement envoyés, aucun secours du dehors ne put arriver à temps : moins de vingt minutes après le commencement de la crise, le cher enfant rendait le dernier soupir entre les bras de son père et de sa mère. Un caillot de sang s'était formé dans un vaisseau trop dilaté et avait obstrué les vaisseaux plus étroits ; la circulation avait été par là brusquement arrêtée et le cœur avait cessé de battre. C'est ce terrible accident que la science appelle *embolie*.

Nous n'essaierons pas de peindre la douleur des pauvres parents. Raymond était l'aîné de cinq frères ou sœurs ; il allait entrer, deux jours plus tard, dans sa dix-huitième année. C'était un grand et beau jeune homme, aux traits fins et réguliers, à la physionomie un peu mélancolique, mais illuminée par un rayonnement de douceur et de bonté. Toutes ses manières étaient empreintes de modestie et de bonne grâce ; rien de gauche ni d'embarrassé dans son

---

(1) Ce chapitre a pour titre : *Sur les fins dernières de l'homme.*

attitude, rien d'audacieux non plus ni d'effronté. Son regard limpide laissait lire jusqu'au fond de son âme. Intelligence vive, jugement droit, mémoire solide quoique lente, amour du travail et de la réflexion, il avait tout ce qu'il fallait pour terminer brillamment des études brillamment commencées. Ses aptitudes spéciales le portaient vers les sciences exactes, mais il aimait aussi les lettres et il y réussissait ; il n'eût pas été de ces mathématiciens qui ne sont que mathématiciens et que M. de Bonald compare à une lyre à laquelle il manque une corde.

Raymond avait un tempérament d'artiste, il était né musicien. Dès l'âge de deux ou trois ans, armé d'un tambour proportionné à sa taille, il accompagnait son heureuse mère assise au piano, et le cher petit, maniant avec dextérité ses baguettes, ne manquait jamais la mesure. Il avait acquis, comme pianiste, une promptitude de lecture et une habileté de jeu vraiment remarquables, eu égard à son âge et au peu de temps que des occupations plus sérieuses lui laissaient pour son instrument favori. En arrivant à Plassay, le lundi de Pâques, il voulut jouer avec madame Charrier un morceau à quatre mains, qu'il lui vanta beaucoup et dont, au cours de l'exécution, il lui détaillait les beautés. Par une étrange coïncidence, ce morceau était *La Danse macabre* de Saint-Saëns.

D'une docilité sans bornes, Raymond n'avait d'autre volonté que celle de ses parents ou de ses maîtres, et on peut dire de lui, en empruntant un mot célèbre, que sa mort est le premier chagrin qu'il leur ait causé aux uns et aux autres. Estimé et aimé de ses professeurs, il ne l'était pas moins de ses camarades, qui l'avaient élu assistant de la congrégation de la Sainte Vierge et président de la jeune conférence de Saint-Vincent-de-Paul. C'était une de ses plus douces joies que d'aller visiter la famille confiée à ses soins ; il y intéressait son bon père et en obtenait *pour ses pauvres* des secours particuliers.

D'une piété sincère, il avait une tendre dévotion envers

Notre-Dame de Lourdes, qui l'avait guéri d'une maladie de
son enfance. Chaque jour, à plusieurs reprises, durant sa
pneumonie, il buvait de l'eau de la source miraculeuse.
« Ne crains pas de m'en donner trop, maman, disait-il avec
foi ; cette eau ne saurait faire de mal » ; et, après avoir bu,
il traçait sur lui-même un grand signe de croix.

Ah ! mon enfant, malgré la soudaineté et l'imprévu de ta
mort, que tes sentiments d'amour et de gratitude à l'égard
de la Mère de miséricorde m'inspirent de confiance en ton
futur bonheur ! N'est-il pas juste de penser que, en l'absence
du médecin et du prêtre, Elle était debout à ton chevet
quand ton âme s'est exhalée en un douloureux soupir, et
qu'Elle l'a reçue dans son sein pour la présenter à son Fils ?
N'avais-tu pas un droit spécial à sa protection, toi, revêtu
de sa livrée, le saint scapulaire, toi, son congréganiste, toi,
enfant de Marie ? Et ne t'avais-je pas dit, au nom de l'Eglise,
quelques jours à peine avant ta maladie, le jeudi saint, en
plaçant sur tes lèvres le Dieu de ta première communion :
« Que le corps de Notre-Seigneur Jésus-Christ garde ton
âme pour la vie éternelle ! » •

Une foule immense accourait le lundi 28 avril, aux funé-
railles de Raymond Charrier ; la population de Plassay et
des paroisses voisines, les parents, les amis de la famille,
une délégation de l'Ecole Saint-Paul se pressaient dans le
cortège funèbre et dans l'église, trop étroite pour contenir
toute l'assistance. Sur le bord de la tombe où s'ensevelis-
saient tant de joies détruites, tant de projets d'avenir brisés,
M. Joseph Castaigne, étudiant en médecine, l'ancien condisciple et l'ami dévoué de Raymond, puis M. l'abbé Blanchet, .
supérieur de l'Ecole Saint-Paul, ont fait entendre la voix
de l'affection, de la foi et de l'espérance chrétiennes. Si la
plus vive estime, si la plus profonde sympathie étaient ca-
pables de contre-balancer la douleur d'un père et et d'une
mère qui ont perdu leur enfant, monsieur et madame
Charrier auraient trouvé dans les honneurs qui ont entouré,

dans les larmes qui ont arrosé son cercueil, une immense consolation ; mais de pareils deuils sont inconsolables et durent autant que la vie. Le pauvre père, la pauvre mère si rudement frappés sont chrétiens ; ils doivent, ils veulent, ils sauront se résigner, mais ils ne se consoleront que quand leur cher fils leur sera rendu, dans les délices ineffables et éternelles du Paradis. O très doux Jésus, vous qui aimez les âmes et qui avez versé votre sang pour les sauver, réunissez un jour, au pied du trône de votre gloire, les parents à leur enfant, les frères à leur frère, les maîtres à leur élève !

J.-P.-G. Blanchet.

DISCOURS DE M. JOSEPH CASTAIGNE.

La mort a si vite accompli son œuvre de destruction qu'elle ne m'a pas permis d'accourir auprès de toi avant l'instant suprême ! Tu n'as pu, cher ami, me faire tes dernières recommandations, et maintenant ta bouche ne s'ouvrira plus pour m'adresser la parole, tes oreilles mortelles sont fermées à jamais, ton âme ne commande plus à ce qui était ton corps, et ta volonté ne peut plus ordonner à tes bras de s'ouvrir afin de me donner une dernière étreinte. Mais cependant ta chère âme nous contemple, tu nous vois tous réunis autour de ta tombe, et tu as entendu les prières que nous venons d'adresser pour toi au Très-Haut. Eh bien ! puisque tu nous entends, avant que les faibles liens qui t'attachent encore à la terre soient entièrement rompus, permets à l'un de tes meilleurs amis de venir te dire un dernier adieu ; permets-moi, cher Raymond, de rappeler à ta famille désolée quel cœur était le tien, quels nobles sentiments t'animaient ! Tu n'es plus parmi nous, mais tu resteras toujours vivant dans le souvenir de tous ceux qui t'ont connu : j'en appelle à tes maîtres qui sont venus rendre un dernier hommage aux vertus de leur élève, à tes condisciples qui, comme moi, entourant ton cercueil, pleurent en toi le bon camarade, l'excellent ami. Tous reconnaîtront en toi une de ces âmes d'élite que la Providence n'enlève à la terre que pour les admettre au ciel. C'est cette douce espérance que nous avons de ton bonheur futur qui rend la séparation moins cruelle. Oui, tu le posséderas un jour ce Dieu de ton enfance, ce Dieu de ta première communion, tu le posséderas, et alors auprès de lui tu seras tout-puissant ! Ah ! je t'en supplie, demande-lui d'adoucir un peu la tristesse d'une mère et d'un père que tu n'avais jamais affligés, et et que ta mort rend inconsolables ; demande-lui de préparer à ceux qui furent tes amis une place à tes côtés.

Adieu maintenant, cher Raymond, adieu! Si mon cœur saigne à cette parole, il me reste, pour en diminuer l'amertume, le ferme espoir que nous nous retrouverons et, cette fois, pour ne plus nous séparer !

PAROLES PRONONCÉES PAR M. L'ABBÉ BLANCHET.

Messieurs,

En face de l'indicible malheur dont une famille, justement entourée de toute votre estime, a été subitement frappée... et dont nous sommes frappés avec elle,... je ne m'étais pas senti le courage d'élever ma voix au milieu de vous ;... je craignais et je crains encore d'être trahi par mon émotion... Je cède pourtant au désir d'un père inconsolable et, après M. Joseph Castaigne, je viens rendre un dernier hommage à la mémoire de notre bien-aimé Raymond...

Quel coup de foudre pour nous que la nouvelle de sa mort !... Nous savions qu'il avait été atteint, au commencement des vacances de Pâques, d'une légère pneumonie ; mais, depuis le 15 avril, nous le croyions hors de danger....

Et voilà que, soudainement, au lendemain du jour où nous avions accompagné au cimetière les restes mortels d'un de nos meilleurs professeurs, nous arrive, de M. Charrier, cette terrible dépêche : « Nous sommes cruellement éprouvés : Raymond est décédé subitement !.... »

Je fus atterré par une catastrophe si peu attendue ;... deux coups si violents et si rapprochés m'écrasaient ;... j'en eus le cœur broyé... Je réunis à la hâte les élèves à la chapelle, à l'issue de la classe du matin ;.... j'eus à peine la force de leur dire : « Vous avez pleuré monsieur l'abbé Mercier, votre cher professeur ; pleurez maintenant Raymond Charrier, votre cher condisciple : il a rendu son âme à Dieu !... » Il me fallut répéter ;... on ne voulait pas, on ne pouvait pas comprendre...

Ah ! Messieurs, qu'elle est impitoyable, la mort !.... que dire de ses trahisons ?... il est donc vrai qu'elle nous trompe et nous surprend toujours !... Elle fond sur nous, comme l'aigle sur sa proie ;... à l'heure où nous y pensons le moins... Soyons toujours prêts à la recevoir...

Il était prêt, je l'espère, le cher enfant que nous pleurons... Il avait communié à l'Ecole, le jeudi saint, peu de jours avant de tomber malade ;... et puis il aimait vraiment le bon Dieu ;... il avait une tendre confiance en la Sainte Vierge... Ses camarades l'estimaient au point de l'avoir nommé assistant de la congrégation et président de la jeune conférence de Saint-Vincent-de-Paul...

C'était une si bonne et si charmante nature !... il était si doux et si affable dans ses relations avec tout le monde !... si docile et si respectueux à l'égard de ses maîtres... Je ne me souviens pas de l'avoir grondé une seule fois,... ni qu'aucun de nous lui ait infligé une punition sérieuse pendant les quatre années qu'il a été notre élève... Il était peut-être un peu mélancolique, comme s'il avait eu le pressentiment de sa mort prématurée ; mais cette mélancolie n'ôtait rien à sa bonté !... Il avait un tempérament d'artiste... et, sous une apparence de froideur, il cachait un réel enthousiasme pour tout ce qui est bon et beau... Il aimait surtout la musique, et on trouverait difficilement dans les collèges un jeune homme de son âge plus habile pianiste qu'il n'était... Intelligent et laborieux, il réussissait heureusement dans ses études et les succès passés garantissaient ceux de l'avenir...

Hélas ! ni tant de précieuses qualités, ni l'amitié de ses condisciples, ni l'affectueuse estime de ses maîtres, ni l'immense tendresse de ses chers parents n'ont pu arrêter la mort... Elle nous l'a enlevé en quelques minutes... O mon Dieu, que vos jugements sont insondables ! ... Que votre sainte volonté soit faite ! ... Nous baisons la main qui nous a frappés ; mais donnez à ses pauvres parents, donnez-nous le courage et la force nécessaires dans une telle épreuve...

O Raymond, mon enfant bien-aimé, que notre doux Sauveur ait pitié de toi ! qu'il exauce les prières que nous lui adressons pour ton soulagement et ton repos ! ... Ta dépouille mortelle (ce pauvre corps destiné à se dissoudre, qui jusqu'à ce matin encore avait pourtant gardé sa beauté et qu'il m'eût été si doux de revoir une dernière fois) va être enfermée dans cette tombe ; mais ton âme, la plus noble part de ton être, n'est pas là... Je ne te dirai point comme ton cher camarade, qui a parlé avant moi avec tant de cœur, je ne te dirai point *adieu*. Quelque chrétienne que soit cette parole, je veux, en la modifiant légèrement, la compléter ; je te dirai : « Mon enfant bien-aimé, au revoir dans le sein de Dieu ! »

Angoulême. — Imp. Roussaud, rue Tison d'Argence, 3.